AF226926

LA
FRANCE RÉPUBLICAINE
EN 1848,
OU
ANALYSE ET DISCUSSION
DES QUESTIONS DU JOUR
SUR
LA POLITIQUE, LA MORALE, LA RELIGION,
PAR UN BON CITOYEN.

> Vous me demandez quelle est mon opinion politique ; je ne suis ni Légitimiste, ni Bonapartiste, ni Philippiste, ni Orléaniste, ni Républicain démocrate ; ni Républicain juste-milieu, je suis Français ; je suis du parti de la France.
>
> (L'Auteur.)

N° 1.

COMMENT NOUS EST VENUE LA RÉVOLUTION DE FÉVRIER ?

AGEN,

IMPRIMERIE DE PROSPER NOUBEL.

1848.

L'heure est venue où chaque citoyen se doit à son pays ; chaque homme aux autres hommes ; chaque soldat à son drapeau.

Je saisis donc ma plume en attendant le moment de saisir une épée.

Je défendrai mon pays par tous les moyens qu'il est permis à l'homme d'employer pour le défendre ; la parole quand on sait parler ; la plume quand on sait écrire ; les armes quand on a le courage de se battre.

J'ai toujours aimé mon pays ; je l'aimais quand je vins publier à Agen un ouvrage dont je dus suspendre la publication, en attendant l'époque où cette publication serait comprise.

J'étais jeune (23 ans, alors) ; inexpérimenté peut-être ; mais, je le crois, je méritais un meilleur sort.

Je dus m'effacer devant l'indifférence publique, en espérant, un jour, me justifier aux yeux du public.

On me blâmait sans me lire ; on m'accusait sans m'entendre parler.

Je me suis retiré loyalement, sans bassesse et sans lâcheté.

Je me suis retiré devant le ridicule ; jamais devant la peur.

Au reste, la plupart de ceux qui m'ont lu m'ont rendu la justice que me refusaient ceux qui ne voulaient pas me lire.

Aujourd'hui je me présente de nouveau ; cette fois, avec plus de hardiesse , avec plus d'assurance ; car ce n'est pas seulement moi que j'ai à défendre, c'est aussi le peuple ; c'est aussi la France, à qui je viens apporter ma dette d'amour et de reconnaissance.

Je n'ai même plus mes ennemis d'autrefois ; car ceux-là qui m'ont attaqué avec le plus de violence sont peut-être plus mes amis, à cette heure, qu'on ne saurait le croire.

J'en appelle au témoignage de mes concitoyens qui me priaient de me mettre sur les rangs pour la représentation nationale ; de ceux-là, surtout, qui m'ont donné leurs suffrages alors que je ne me présentais pas dans la lice.

Je n'ai obtenu, à la vérité, que 200 voix, ou à peu près ; mais je suis plus fier de ces 200 suffrages que d'autres de leurs 40,000. — Ces 200 voix, je ne les avais pas réclamées ; on sait comment plusieurs ont obtenu les 40,000 en question.

Je n'ai rien à dire sur les choix que l'on a faits ; quelle que soit ma pensée, je dois me conformer au jugement de tous. Il y a, d'ailleurs, parmi nos représentants actuels, des hommes qui honorent le pays et le département qui les a pour mandataires.

Les autres, à la vérité, ne font pas beaucoup parler d'eux ; mais ils n'en ont pas moins beaucoup de courage, je me plais à le croire.

J'ai voulu seulement constater un fait ; un fait de confiance ; voilà tout.

Maintenant, si je ne suis pas écouté par tout le monde, je serai écouté par plusieurs ; et c'est beaucoup pour celui qui écrit sous l'empire de bonnes intentions et de bons sentiments.

J'en appelle à tous les journaux ; à tous les journaux qui aiment le pays et qui compatissent à ses misères. J'accepterai leur secours avec joie.

J'en appelle surtout aux habitants des campagnes pour qui j'écris les lignes qui vont suivre.

Pour moi, je m'applaudis d'être encore jeune ; ne fut-ce que pour la France qui a besoin de tous ses enfants.

15 juin 1848.

ANDRÉ BELLECOMBE,

Auteur de l'*Agenais Illustre*.

Je publierai successivement, au fur et à mesure que je croirai nécessaire, des livraisons séparées sur les questions les plus importantes de la politique actuelle. Je puis annoncer les titres suivants :

1° Des impôts créés par la nouvelle République, considérés sous le rapport moral et politique.

2° Des élections des députés, et de la manière d'y procéder loyalement et utilement.

3° Paris est-il tout pour la France ?

4° Une République fédérative ne serait-elle pas utile à la France ?

[illegible]

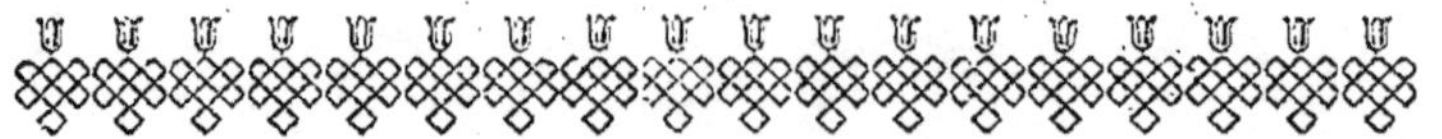

LA
FRANCE RÉPUBLICAINE
EN 1848.

1° COMMENT NOUS EST VENUE LA RÉVOLUTION DE FÉVRIER ?

Il est bon de savoir qui nous sommes et ce que nous sommes ; d'où nous venons et ce que nous voulons ; et il en est tant qui ne le savent pas, qu'on me devra peut-être quelque reconnaissance en faisant précéder mes réflexions sur les impôts créés par la nouvelle République, par l'histoire de cette République elle-même. Ces paroles que j'ai prononcées dans un discours écrit avant les élections du 23 avril, me semblent la meilleure introduction possible aux considérations qui viendront plus tard. Voici ce discours :

Messieurs et Concitoyens,

« En 1830, il existait, personne de nous ne l'ignore, un gouvernement monarchique, autrefois

consacré par huit cents ans de légitimité; il y a
soixante ans, remplacé par une première république;
et revenu depuis à l'aide d'une charte et des puis-
sances étrangères, alors que cette République et un
Empire qui en fut la suite se furent brisés au choc
des guerres et des révolutions. Cette charte garan-
tissait nos droits, nos privilèges, nos libertés; le roi
de France avait juré de respecter cette charte, et le
peuple comptait sur la parole de son roi.

« Il arriva cependant un jour que cette charte qui
liait la nation au monarque et le monarque à la nation, fut attaquée dans tout ce qu'elle avait de plus
cher, de plus précieux pour les hommes qui tien-
nent à leur indépendance, c'est-à-dire, la liberté de
la presse et de la parole; vous savez quel en fut le
fruit; les ordonnances parurent; le peuple s'insurgea
et le gouvernement s'écroula.

« Alors arrivèrent au pouvoir des hommes qui
promirent au peuple la diminution d'impôts, à l'ou-
vrier l'augmentation des salaires; qui jurèrent de di-
minuer les charges du royaume et de n'accorder les
places qu'au mérite et non à l'intrigue; qui firent le ser-
ment d'être généreux et désintéressés, qui touchèrent
la main à tout le monde et qui pleuraient au seul mot de
patrie; des hommes qui parlaient continuellement de
la France et qui disaient la porter dans leur cœur;
alors, on vit un roi citoyen courir les places publi-
ques et les rues, un parapluie sous le bras et la canne
à la main, mis comme un simple bourgeois de Paris,
causant comme un bourgeois de Paris; promenant

bras dessus bras dessous avec les bourgeois de Paris ; et leur promettant un règne d'or après un règne de fer ; et les ouvriers applaudissaient ; et les bourgeois applaudissaient ; et toute la France admirait. Cet énivrement ne dura pas longtemps ; un an ne s'était pas écoulé, et déjà le public s'était aperçu que ces hommes si purs, si généreux, si désintéressés n'étaient que des comédiens et des acrobates ; que ces demi-dieux qui ne voulaient pas de places alors qu'on ne voulait pas leur en donner, en prenaient à leur tour comme les autres, plus que les autres ; que ces esprits dévoués à l'intérêt de la patrie étaient également dévoués à leurs familles et à leur ambition ; que tout dans le nouveau gouvernement n'était qu'intrigue et que commerce, que spéculation et qu'agiotage ; le public commença alors à retirer ses caresses ; le roi resta dans son palais avec sa canne et son parapluie ; le peuple cessa d'applaudir et la France d'admirer ; il se fit une scission entre le gouvernement de juillet et l'amour des bons citoyens.

Tout resta cependant dans cet état pendant plusieurs années ; il y eut pourtant quelques tentatives de révolutions qui échouèrent, quelques coups de pistolets qui n'atteignirent personne, on fit couper quelques têtes et la lutte, sembla s'arrêter ; seulement, une opposition de choses plus que de personnes, de paroles plus que d'actions s'organisa contre le monarque et les ministres ; les journaux parlèrent et se firent écouter ; de son côté, le pouvoir s'arma de plus de sévérité à mesure qu'il se croyait plus de forces ; et le gouvernement qui s'était élevé en demandant la liberté de la presse, osa, huit ans après, demander la suppression de cette liberté qui lui avait donné la vie. Les lois de septembre furent publiées, la presse protesta ; on vit des écrivains punis, des éditeurs responsables, des imprimeurs condamnés ; personne cependant n'osa bouger encore.

Les ministres devenus plus forts s'enhardirent ; le roi devint plus despote à mesure qu'il devenait plus vieux ; la cour s'organisa peu à peu sur le modèle de l'ancienne ; on vit reparaître un chancelier, des dames d'honneur, des chevaliers d'honneur, (1) plus tard un demi connétable ; (2) les princes du sang devinrent généraux, amiraux, gouverneurs et vice-rois dans nos armées et dans nos colonies ; on vit des places données au népotisme, des électeurs se vendre aux députés, ces mêmes députés aux ministres ; abominable désordre de finances et de politique qui provoqua la loi du recensement de 1841 et celle des fortifications de Paris, fortifications qui indignèrent tout ce qu'il y avait d'hommes d'honneur dans la France.

Le peuple criant toujours, les journaux criant toujours et personne ne bougeant toutefois, le pouvoir alla plus loin ; le trafic et le commerce envahissaient toutes les places, toutes les personnes, toutes les con-

---

(1) Beaucoup de chevaliers de la Légion-d'Honneur, surtout.
(2) Le maréchal Soult, maréchal général de France.

sciences ; cela dura jusques vers le milieu de l'année dernière. On vit alors un spectacle scandaleux : des ministres concussionnaires, des pairs de France concussionnaires, des généraux concussionnaires, jugés et condamnés comme tels ; on criait partout *à bas le ministère !* et le ministère allait toujours son train. Déjà plus d'honneur national, plus de dignité, plus de patriotisme ! La France n'avait plus d'amis au dehors, ses ministres la livrant tout entière à ses ennemis par d'indignes spéculations privées ; l'or de l'Angleterre, l'or de l'Autriche séduisaient nos ministres ; la Pologne combattait, la Pologne fut abandonnée ; l'Egypte combattait, l'Egypte fut abandonnée ; l'Espagne s'égorgeait, l'Espagne fut abandonnée ; l'Italie se mit à combattre à son tour, et l'Italie était abandonnée. On criait à bas les ministres ! et les ministres existaient toujours !

L'année 1848 arriva sur ces entréfaites. La mort d'une princesse du sang, de cette sœur du roi qui lui ouvrit les degrés du trône, fut un présage de mauvais augure pour la famille royale. Le bon génie de Louis-Philippe s'envola avec madame Adélaïde. Cet avertissement du Ciel ne fut rien ; les ministres continuèrent leur marche égoïste et intéressée ; le roi refusa d'ouvrir les yeux. Ce ne fut que le 24 février, au bruit de la mitraille, du canon et des balles parisiennes, qu'il retrouva quelque peu de son bon sens et de ses lumières ; il demanda ce qui se passait ; on lui répondit que sa dynastie tombait, que sa famille s'écroulait ; il eut d'abord peine à le croire ; il parla d'abdication , de régence ; le peuple ne l'écouta pas. « Il est trop tard ! » lui cria-t-on de tous côtés ; et le roi s'en fut sans se défendre, lâche, isolé, abandonné , mendiant , sans chemise , chassé pour toujours de la France , et s'écriant au milieu de ses larmes de repentir et d'angoisses pour ses trahisons passées : Comme Charles X ! comme Charles X !

On demanda à deux cent mille hommes qui se trouvaient là ce qu'ils voulaient ! Ces deux cent mille hommes demandèrent la République, et la République fut proclamée ! Telle est la puissance de l'énergie que ces deux cent mille hommes seuls ont suffi pour entraîner 35 millions d'habitants à leur manière de voir et de penser, les uns par conviction, les autres par insouciance, beaucoup par peur. Voilà comment se passent les révolutions en France ! Telle fut celle du 27 juillet 1830 ; telle a été celle du 24 février 1848.

N'examinons pas comment s'est faite cette révolution ; jugeons-la puisqu'elle est établie, et demandons-nous en quoi la République, puisque nous l'avons, peut nous être utile.

La République est une bonne chose ; en ce sens qu'elle rétablit l'égalité, la liberté, la fraternité ; tous les hommes sont frères , on le sait ; ce mot nous vient de Dieu ; tous les hommes sont égaux devant la loi, devant la nature ; tous les hommes sont libres ; personne ne l'ignore. En rétablissant ces principes, en les prenant pour bases de notre présent et de notre avenir , le nouveau gouvernement promet

beaucoup. Diminutions d'impôt, abolitions des sinécures, diminution de traitement; suppression de
places inutiles; liberté absolue de la parole, de l'opi-
nion, de la presse, de la religion, des personnes; tout
cela est fort beau; tout le monde applaudira à la
République si elle tient sa parole; mais ce n'est pas
le tout de promettre, il faut tenir. Ne nous laissons
pas abuser comme en 1830, et voyons si nos nou-
veaux ministres s'occupent à tenir leurs promesses!

Sommes-nous véritablement en République? Aux
ordonnances arbitraires qui viennent de paraître, aux
commandements despotiques auxquels on veut nous
forcer d'obéir, aux menaces qui nous sont faites,
nous avons le droit d'en douter. (1) Nous avons le
droit de penser qu'au lieu d'appeler l'état de choses
actuel ère de la République, il serait mieux de le
qualifier d'ère de la Révolution.

En lisant ces décrets d'un gouvernement provisoire, gouvernement irrégulier jusqu'à ce qu'il
soit accepté par la nation, on se demande si ce n'est
pas M. Guizot qui gouverne, et si MM. Duchâtel et
Lacave-Laplagne ne contresignent pas les ordonnances signées par MM. Ledru-Rollin et Garnier-Pagès,
de la République du 24 février. La République nous
a promis la liberté; est-ce la liberté de voter qu'elle
nous promet dans les circulaires du citoyen ministre
au département de l'intérieur? La République nous

---

(1) Qu'on se rappelle que ce discours a été prononcé avant les élections.

a promis la liberté; est-ce la liberté de nos finances qu'elle nous promet dans les circulaires de M. le ministre des finances? A voir le ton qui règne dans ces actes, on se croirait pis que sous Louis-Philippe, et cependant nous sommes sous un gouvernement qui n'est pas encore établi! Que sera-ce donc plus tard si cela commence si vite?

La République française veut-elle se tracer loyalement une route nouvelle, route basée sur les intérêts de la patrie, sur les intérêts et le bonheur de tous? Qu'il nous soit permis de l'avertir que son intention est faussée et qu'elle marche dans un sentier qui n'est pas le sien. Est-ce un crime de l'avertir de ses erreurs? est-ce une faute de l'avertir de ses fautes?

Nous l'avertissons parce que nous l'aimons. Nous en voulons aux hommes, non aux faits; et l'Etat a plus que jamais besoin d'hommes capables et désintéressés.

La nouvelle République (les hommes, toujours, qui la dirigent) veut-elle copier l'ancienne dans ses erreurs comme la copier dans ses qualités? En ce cas, nous lui dirons hautement que nous ne pouvons reculer d'un demi-siècle, et qu'au besoin nous ne le lui permettrons pas.

Que signifie cette loi des élections nationales où il faut pour être député être républicain fougueux, fanatique, démocrate, en un mot républicain terroriste!

Que signifie cette distinction de mots, cette hiérarchie de choses? Est-ce qu'il y a deux manières d'être républicain?

Que signifie cet impôt de quarante-cinq centimes par franc, établi sans loi, provoqué sans motif, régularisé sans autorité, publié sans la sanction de tous, exigé par la tyrannie sans consulter nos besoins, nos facultés et nos ressources? Il faut payer, nous a-t-on dit; payer est un joli mot, mais encore faut-il être en état de le comprendre. A-t-on jamais fait une pareille énormité sous Louis-Philippe? a-t-on rêvé pareille chose sous la terreur! Et cet impôt sur les créances hypothécaires, où un débiteur est obligé de déclarer ses dettes, où l'Etat se fait usurier sans profit pour le pauvre qui n'en retire rien? Reproche-rait-on pareille chose aux jésuites! Qu'avons-nous fait depuis le 24 février? Louis-Philippe est-il re-venu? Guizot est-il revenu? J'en doute encore; car je ne puis me persuader que la France républi-caine soit plus despote que la France monarchique.

Que signifie cet abus provisoire de places? Ces ministres qui placent leurs fils, leurs frères, leurs neveux, leurs cousins, leurs familles? On blâmait les sinécures, le népotisme en 1847! Est-il plus excusable en 1848? M. Arago, M. Blanc, M. Garnier-Pagès, M. Ledru-Rollin, M. Marrast, auraient-ils acquis un droit qu'ils ont combattu pen-dant dix-huit ans avec tant de courage et de persé-vérance? En ce cas, qu'est-ce que c'est que cette égalité dont ils font parade? J'aime à croire que ceci n'est pas vrai : que nous sommes le jouet de quelque illusion ? Non , les hommes qui parlaient le 23 Février contre l'abus des places ne peuvent être devenus des comédiens le 24 , et des jongleurs comme les conservateurs de 1830 ?

Il ne nous est pas permis , malheureusement, de croire à une illusion pareille ; tout cela , c'est bien une vérité ! Où ira donc notre gouvernement si nous ne l'arrêtons dans sa course déloyale par une chambre énergique , ferme et déterminée ?

Réunissons-nous donc tous , mes amis , pour le combattre ; et émettons courageusement , pour soutenir la vraie République , les propositions suivantes :

Donnons à l'Etat , à la Patrie , ce qui est juste , ce qui est nécessaire ; mais ne laissons pas gaspilller notre argent au profit de commissaires à quarante francs par jour d'appointements , de ministres qui puisent dans nos bourses et dans nos fortunes après avoir dévoré tout ce qu'ils possèdent , d'un emprunt forcé et des assignats qu'on nous présente gracieusement l'épée sur la poitrine et le pistolet sur le cœur !

Défendons nos libertés et nos priviléges ; ne laissons à aucun gouvernement le droit de nous imposer de sa propre autorité une ordonnance que nos députés n'ont pas encore admise , et, au besoin , de convertir cette ordonnance en loi ? Si nous nous laissons empiéter aujourd'hui , que sera-ce donc le lendemain ? Il est juste de payer les impôts exigés par l'Etat, mais il est juste de ne le faire qu'alors que les chambres seront organisées et qu'il sera permis à nos représentants d'avoir l'œil sur l'emploi que l'on peut faire du produit de nos veilles et de nos journées !

Soyons calmes toutefois dans notre protestation ; réunissons-nous tous loyalement, sans bruit, sans tumulte, sans tapage ; établissons une union de commune à commune ; signons une union de vingt millions de cultivateurs et de propriétaires ; organisons des commissions à cet effet et envoyons à la chambre des représentants qui puissent défendre nos privilèges et qui soient comme nous intéressés à l'ordre et à la tranquillité publique.

Alors, si la loi est votée par nos commettants ; quand la loi sera acceptée par nos députés, c'est-à-dire par la nation, nous nous inclinerons devant cette autorité supérieure et nous donnerons avec empressement à l'Etat, si nous le pouvons toutefois, ce que nous lui refusons aujourd'hui quand il le réclame sans titre et sans légalité.

Choisissons des députés sages et qui aient toute notre confiance ; recommandons-leur d'avoir l'œil sur ces audacieux ministres qui, si nous n'y prenons garde, deviendraient autant de tyrans et de dictateurs, et assurons-leur qu'ayant détrôné un roi pour avoir une République, ce n'était pas la peine d'avoir institué une République pour avoir douze rois.

Qu'ils leur apprennent aussi que si la nation corrige les fautes des monarques, elle sait réprimer aussi au besoin les erreurs et les crimes de tous ceux qui oseraient menacer ses franchises et ses libertés !

Monpezat, 20 avril 1848.

———

Tel est le discours que je prononçai le 20 avril 1848, trois jours avant les élections ; depuis, beau-coup de modifications auraient pu y être apportées ; j'ai voulu le conserver tel que je l'ai fait ; d'ailleurs ce qui suivra lui servira de justification et d'égide.

Agen, Impr. de P. Noubel.